FLEURS de PEAU

© 2021, Laurent Vadon
Édition : BoD – Books on Demand,
12/14 rond-point des Champs-Élysées, 75008 Paris
Impression : BoD - Books on Demand,
Norderstedt, Allemagne
ISBN : 9782322379545
Dépôt légal : Septembre 2021

Fleurs de Peau - Hésitations

ou

l'âme-son d'un Amour

Remerciements

A mes chers parents disparus, qui m'ont offert le chemin.
A mon frère, qui a parcouru le chemin de l'enfance avec moi.

A la femme qui chemine patiemment avec moi.
A mes enfants, puissent ils trouver le chemin.
A ma belle famille dont le chemin croise le mien.

A mes amis, amies qui remplissent le chemin de leur lumière.

A mes patients/tes qui cherchent le chemin et m'accordent leur confiance

A la Vie et l'Amour Dans l'Ordre Naturel
ils sont le chemin.

Les fils de l'Âme-son

Aimants …………………………………………………	1
Ami ……………………………………………………...	2
Amie-cadeau …………………………………………….	3
Baiser ami-maginaire …………………………………..	8
Cycle Amen …………………………………………….	9
Dans le souffle des jours ………………………………	11
Eternel… Aimant ……………………………………..	12
Fête …………………………………………………….	13
Hymne à la vie ………………………………………...	14
La pensée éphémère …………………………………...	15
L'Autre rive …………………………………………..	17
La tendresse …………………………………………...	19
Les larmes du ciel ……………………………………..	22
Le visage ………………………………………………	23
L' un et l'autre ………………………………………..	25
Inter-lude (Quels sons... les cris taire !)...................	26
Matin d'automne ………………………………………	28
Papillon ………………………………………………..	29
Rêv-évanouis-sens …………………………………….	30
Sais-tu ? ……………………………………………….	31
Tant psy ……………………………………………….	32
Tumulte ………………………………………………..	33
? ………………………………………………………..	34
Fleurs de pensées… bouquet quotidien ………………	35
Voyageur d'un jour …………………………………….	37
Une affaire de temps... (fin ?) ………………………….	38

Aimants

Ce matin, à l'aube, m'envahit un étrange sentiment.
Papillon dansant sur les fibres de mon corps,
il me rappelle combien fragile est la vie des Aimants
qui, de ne se coller, se repoussent à grand effort.

Éphémère raie qui trace le sillon d'un impossible.
Attraction dont l'équilibre est la force de résistance,
sous peine d'y perdre la grâce de l'indicible.
Fendre l'enveloppe charnelle briserait l'attirance.

Ainsi les Aimants ne seront ils jamais amants
par peur d'y décharner le voile de « soi » qui les noue.
En pire décence, l'empire des sens n'a droit de cité.
Même si l'effleurement exhale le silence d'un tremblement.
D'eux taire s'exprime la loi morale qui les cloue
à tout jamais au plus profond de leur humanité.

Ami

Le voile sombre de l'humeur des jours mauvais
empêche l'azur clameur au sein de psyché.
De doutes en peurs, d'impuissance en espérance,
Sisyphe ou Pandore sur le chemin de nos errances.

Mais, je le sens, le souffle d'Éole sur les ombres,
au-delà d'un temps sans nombre,
qui me rappelle, je le sais, la chaleur de l'amitié.
Alors je souffle avec lui pour qu'il éclaircisse
le chemin des amis retrouvés,
efface les supplices et partage le calice.

Un vent fougueux balaie notre terre !?
Nature inquiète, ploie et désespère...
Mais comme bien des choses ici bas
l'éphémère s'en vient et puis s'en va.

Mystère de l'équilibre visant l'immanent,
quête antédiluvienne du permanent,
Je suis là, face au vent,
frêle voyageur de l'instant...

J'inspire sans aucun détour
l'impétueux souffle d'amour,
porté dans la brusquerie du temps.
Et, patient, l'apprivoise tel l'enfant
qui n'a jamais cessé de voir
la lumière qui irradie dans le noir.

J'expire ces mots pour qu'ils t'accompagnent
chaque fois que les doutes te gagnent
et jamais tu n'oublies sur le chemin de ta vie
le pas chaleureux, la main tendue, d'un ami.

Amie – cadeau

Amie, te souviens-tu du parfum de ce bouquet?

Il exhalait des matins de roses...
Pétales "sûres-années" de sobriquets,
au creux de tes mains, je dépose.

Du réveil à l'éveil, puisse t'il faire présence.
Luminescence d'un échange spirituel,
qui flirte avec l'un quand-des-sens...
et t'invite en une imaginaire ritournelle.

Que ce premier jour pour toi
porte ton regard au delà du devoir
et tisse le précieux fil à "soi"...
où, délicatement, pauser nos "deux-voir"…

Amie, te souviens tu les senteurs de ce bouquet ?

Il exhale le parfum du muguet.
Promesse du renouveau printanier,
il enivre l'âme de moments oubliés...

Rayon de soleil qui nous tire d'un long sommeil,
il ne cesse d'éclairer l'invisible aux rais de l'indicible.
Murmures timides aux creux de l'oreille,
il "happe elle" dans un tourbillon invincible :

"Je peins l'étoile qui brille sur tes nuits.
Je tisse le fil-amant qui réchauffe ton lit...
Je souffle sur les jours maux dits
pour qu'en corps coule la vie"

Le regard, un instant, tourné vers les cieux
imaginer des jeux d'enfants avant d'être vieux.
Sens tu ce parfum de mue-gaie ?
Il est pour toi, dans cette escale, un quai.

Amie, te souviens tu des reflets de ce bouquet ?

aux couleurs de l'arc-en-ciel et senteurs d'étés.
Je l'avais imaginé tel un feu follet,
dont la danse t'enivrerait durant des années...

En ce temps où, de toi, tu dois prendre soin,
je te l'offre à nouveau pour que chaque matin,
il se faufile, mutin, dans un petit recoin
et garde au loin les pensées du chagrin.

Larmes honnies de cette douce ritournelle…
Si tu la cueilles tel un présent candide,
et sens son battement d'elle,
alors, en toi, plus jamais de vide.

Laid gère de la vie, légère d'ans - vie.
Portes ton regard sur cet arc-en-ciel.
Passes son arche et re-joins ton ami.
Dans nos rêves rient jardins de miel,
champs de lavandes et 100 soucis.
Lieu des secrets, il livre l'essentiel :
ne plus avoir peur des tracasseries
car l'antre-deux est providentielle.

Amie, te souviens-tu du contour de ce bouquet ?

Aux milles senteurs de pétales colorés,
il chante le poète allongé dans les bleuets
s'amusant des nuages au visage de son adorée.

Charbons ardents et épis de blé font chevelure.
Deux trouées cabotines révèlent le bleu des yeux.
Dans la simplicité de toute la nature,
le vent esquisse, d'un trait, sourire radieux.

Au-dessus de toute imposture, les ratures...
Au sol, effluves de thym et romarin gorgent les narines.
Elle se meut soudainement d'une fière allure
retrouvant l'énergie enfantine au son de comptines.

<prendre le temps de s'allonger et... rêver.
Les sens en éveil courbent la raison.
Un instant oublier pour... se retrouver.
Si tu le veux, rejoins moi dans cette... maison.

Amie, te souviens-tu du temps de ce bouquet ?

L'éclat de chaque saison y est harmonieusement contenu.
Dahlias et immortelles, perce-neiges et iris, pâquerettes et tulipes, capucines et œillets.
Pour toi composé, il répand ses senteurs sans retenue.

D'années en années, je ne cesse d'entre - eux - tenir ce jardin.
Chaque matin, je ne cesserai de t'en offrir la poésie.
Espérant qu'il apaise le jour chagrin et égaye ton chemin de vie.

Puisse t'il, en ces temps troublés,
où ton corps t'appelle à l'équilibre
et l'esprit de tous tracas éloigné doit se reposer,
être l'air que tu respires, et enfin te sentes... libre.

Amie te souviens-tu des douces heures de ce bouquet ?

Ritournelle qui chante les couleurs de nos années.
L'ensemble lui donne l'allure d'un farfadet,
trublion facétieux des journées aux joues mouillées.

Quand le coeur est bien trop seul,
il l'enveloppe de pétales de roses.
Quand les douleurs nous rendent bien trop veules,
il sautille et distrait toutes nos névroses.

Deux toits à moi, les mots sillons…
Deux mois à toi, les maux scions.
Saisir le temps et, s'étendre moment….
Respirer ce pare-fin d'amour profondément.

Voeux lourds d'une histoire sans paroles
qui drapent les nuits d'aurores boréales.
Velours d'une longue histoire drôle
faite de rires inventant les nuits idéales!

Amie, te souviens-tu des couleurs de ce bouquet ?

Mélange de passe t'elle, de vert tige,
de blanches heures et labours jaunets,
Elles se veulent défi au temps qui fige.

Secret partagé, il est un feu sans artifices.
Étincelant, telle l'innocence d'un Je d'enfance,
ou flamboyant aux corps raccords complices,
je te l'offre pour y souffler les souffrances.

D'années en années, jamais ne s'altère.
Vivaces multicolores, naturellement entre-eux-tenues,
il est le lien d'un fil-amant d'Ether.
Dans ce repos forcé, humes le sans retenue.

Offert pour un rien qui rappelle un tout,
Il est l'histoire du hasard d'une vie
qui croise les chemins pour être debout
et parer, à deux mains, les ennuis.

Amie, jamais je n'oublierai ni le parfum et les senteurs, ni les reflets et les contours, ni le temps et les douces heures ou les couleurs de ce bouquet.

Verger étincelant, il alimente le fruit imaginaire de l'Amour.
Fragrance qui virevolte et tournoie tel un ballet,
il nous porte dans la danse de vie tous jours.

Le corps au sol et l'esprit aux cieux,
dualité d'une complicité de l'un taire dis.
Qu'en ferons nous fait avant d'être... vieux ?
Enfer des sens ou avant goût de paradis.

Baiser ami-maginaire

Hier la pluie cinglante fouettait mon visage,
indifférente à la nature des émotions qu'elle suscite.
Pensées délavées d'un été parti en orage,
je suis prisonnier de tensions qui ressuscitent.

Aujourd'hui brille le soleil et je m'évade en mots partagés avec toi,
si proche et pourtant si inaccessible…
Silencieux et patient exutoire de mes émois,
ta présence reste inflexible, mais pas insensible.

Merci pour tout cela car tu me rappelles le chemin.
Il peut se mener côte à côte, au gré de nos vies,
sans franchir l'interdit qui troublerait l'élan demain,
du lien respectueusement étrange qui nous unis.

Alors jeu délasse en lit-maginaire ces tensions,
te confie les secrets de mes troubles passions
espérant que s'y dévoilent une vibration au diapason,
même si je devine tes mots emplis de saine raison.

Et je poursuis de mes avances l'un possible
au-delà d'une lourde réalité qui me terrasse.
Je finis par déposer cet amour indicible
en un tendre baiser, souhaitant qu'il te délasse.

Cycle Amen

Danse froide hivernale amplifiée par un vent glacial
jeu m'âme use à regarder les nuages.
Barbapapas, vaisseaux et chimères vagabondent,
rivalisent d'audaces puis, sans ménage,
s'effacent vivement en de violines ondes…
Soudain, je transplane dans un univers spécial !

Esprit, un instant épris de ces apparitions,
s'engourdit à leur disparition
et retourne à sa vie de raison,
encore bercé de douces illusions.

Ô volutes éphémères qui sillonnent cette terre,
de l'éclat de l'éther vous n'avez guère…
L'incarné fait l'un carnassier pour ses pères
et à jamais rassasié de la chair de ses frères.

Mais, passager de l'espace et du temps,
viendra le moment où l'épris de rêves
rejoindra l'intemporel imaginaire fondement
de l'univers alité, et le liera sans trêves.

A la source de toute vie : l'Amour.
Errants, voyants, croyants, aimants, sans détour
y songeront une humanité sans hurlements,
et se réveilleront au rythme du même battement.

Je t'invite sur les rivages de ce lointain horizon
pour que de nos unions se creuse le sillon.
Aux humeurs d'un printemps chagrin,
je prends le temps comme il vient.

L'eau de pluie coule, sang terrestre,
en larmes de vie sur le corps de Gaïa.
Je m'abreuve de cette communion rupestre,
levant les yeux du sombre voile vers l'eau-delà.

        Car de l'ombre à la lumière tout est vie en cette île
        d'ici à l'infini… ainsi soit il.

Dans le souffle des jours

Dans le souffle des jours, l'écume de l'amour…
Dans « l'essoufle » de l'amour, la brume des jours.
Voyageur impénitent des émotions, je vis ma nature…
Songeur pénitent des motions, j'en lis tes ratures.

Savoir comment je vais ne peut se résumer à une allure.
Le pas de deux s'alourdit de ce qui sature…
Tant d'années côte à côte bordées de mille détours.
« Sûres-années » « cour-tisants » les braises dans un bruit de sourd.

Un signe?... espoir, qu'un soir, dans le noir... ton velours.
Indigne?... dérisoire ? vouloir te voir sans atours...
Mise à nus, nous voir au-delà des apparences…
sans retenue, nous deux-voirs... l'évidence !

Home, ma terre dans le silence.
Homme à terre devant l'ingénue.
Bien sûr, je "taire" mon insolence,
au duvet de linges... et nu.

Peur d'un de tes soupirs
ou même pire, d'un rire...
Celui qui balaie la délivrance
d'une pensée d'inconvenance...

Alors continuer "set" amour dans la partie sans fin
du cours tisant la flamme de l'échange…
Le temps pare cour d'un joyau dans son écrin
pour que la mise en évidence ne dérange...

ÉTERNEL AIMANT

É grenant le temps pass É
T rébuchant, me relevan T
E ncore et sans cess E
R isquer, sans jamais plie R
N' évitant l'effet du ta N
E rodant la peau lass E
L' âme our-dit son éterne L

A ube qui nous mène l A
I ci, parce que c'est ains I
M archer sur le même t' M
A ux rythmes des mots l A
N uit et jour avec entrai N
T out amour est vie, ven T

Fête ...

L'humeur chagrine, je m'échine
à voir désastre dans les astres,
les yeux figés sur l'à venir,
anxieux fixé sur le deux venir.
Alors jeu grave à l'encre de chine,
le dualisme spirituel du Zoroastre.

Succès d'années d'une histoire,
damnée par la quête d'avoirs.
Et puis... une mélodie légère
perce la noirceur de mes jours
en fines ondes de lumière.
Distillant son roulement de tambour,
animant l'intérieur de mon corps,
rythmant les battements de mon cœur
aux sons de doux à corps
et me délivrant de toutes sombres peurs.

Ami, amie... entends là te susurrer sa musique
au-delà de la grisaille qui te tenaille.
Uni vers celle, pulsation cosmique,
qui tisse, de ta vie, ses mailles.

Chantes là à celles et ceux qui en sont dépourvues /s
car à petits feux ielles se tuent.
Danses là dès que tu es fourbue/u,
car, à petits pas, tu avances vers l'un connu.
Je ne t'ai pas révélé son nom
mais tu connais bien cette chanson.

Solo, duo, trio, quatuor, quintette, à tue-tête
chacun lui fais la cour.
Alors sur un air de fête,
je partage ce morceau d'Am....

Hymne à la vie

En chemin sur la route du quotidien,
je me suis soudain rappeler tous ces sourires
offerts plaisamment pour un rien,
dissimulant la somme de tes soupirs...
de tes regards m'invitant aux jeux
de grands, comme le vivent les enfants.
Demain ou un autre jour, je serai vieux...
ne jamais perdre un seul de ces instants,
et offrir le parfum d'un toujours
qu'exhale seulement le bouquet d'amour.

Je ne te ferai aucunes promesses
car elles se ternissent de l'éphémère,
mais chaque fois qu'un moment de tristesse
te plongera dans une lueur amère,
je t'offrirai un pétale de mon bouquet
pour qu'il te fasse un nid douillet...
Si je le peux, mes bras pour envelopper tes maux
et mes mots pour apaiser tes larmes,
pour revoir dans tes yeux briller ces joyaux
en myriades d'éclats dont, seule, tu es le charme...

Vie... deux Lumières. Celles qui éclairent le chemin.
Le matin, elle baigne le temps à venir de mon pas.
Le soir, elle plonge l'esprit dans l'espace de son sein.
Temps et espace sont la source d'où s'alimente mes repas.

Plus de peur, car le cycle m'inscrit dans la spirale de
l'infini hymne à la vie...

La pensée éphémère

Lapant ces éphémères instants
où je joue les imaginaires amants,
erre une sombre compagne, ma solitude...
Ombre qui voile ma plénitude…

Ressac d'un passé qui me noie
au-delà des apparences que je déploie.
Je suis celui avec qui se partage l'affection
et non celui avec qui l'amour est passion…

Alors, pour vous, je dessine ces mots
où s'avoue, à demi, le jeu de l'amour.
Croyez vous que le jour s'offrira
où, dans l'oubli de la morale, nous jouerons sur les interdits?

Par trop de règles, le jardin se clôt
et la terre se ride d'un labour
privé de ce qui l'enrichira.
Peut être vivrons nous l'histoire banale
de tous ces amants maudits…

Mais en moi coule en flots
l'effervescence de vos atours,
attisant la curiosité du prélat
portée par l'incandescence infernale
du désir marqué au sceau des lits...

Ô aimée... croyez vous qu'un jour,
vous et moi, dans l'égarement du sens,
vivront ces heures qui durent toujours
et font vibrer les sens?

Prendre conscience de l'incertain
et partager, jusqu'à l'ivresse,
un amour sans vrai lendemain
où s'éteignent de fausses promesses.

D'aucuns crieront à l'égarement.
Ceux là le font mais ne le disent pas.
Peut être est ce le secret de ce tourment ?
Sans un mot... vivre l'essence avant le trépas...

L'Autre rive

Tous les mots sont vains au désespoir de matins
où les cieux qu'on vainc abolissent les lendemains

A la dérive, l'air rance de nos errances
captive les êtres en transe de décadence

Bataille des idéologies infiltrant insidieusement l'esprit
à coups de religiologie, anéantissant l'Autre vie.

Âme en peine, ne vois-tu pas que sur l'autre rive
se pause un Amour au-delà des bombes ?

Être en scène, ne crois-tu pas que sur l'Autre rive
une main se tend avant que tu ne tombes ?

Un jour cessera le pugilat de l'autre existant,
mais faudra t-il pour cela que nous soyons tous mourants ?

L'âme en tables ment, avançant sur des lois éternelles,
putréfiées par l'acharnement des voix de rois spirituels.

Oubliant que le saint est homme par Je d'optique,
nos pensées s'aveuglent à trop implorer le ciel en restant sceptique.

Âme en peine, ne vois-tu pas que sur l'autre rive
se dessine les contours d'une vie paisible en ce monde ?

Être en scène, ne crois-tu pas que sur l'Autre rive
tu peux tendre la main et entrer dans la ronde ?

Tu as perdu confiance en ce voisin sur ton chemin,
éperdu de méfiance tel un venin en ton destin.

Rappelles toi, adulte humain, que tu es ce voisin de route
pour tous les enfants humains qui observent tes doutes.

Ne transmets pas les terreurs qui hantent tes jours,
car par trop d'erreurs, tu tues leur espoir d'amour.

Âme en peine, ne vois-tu pas que sur l'autre rive
t'appellent les tiens, ceux que tu nommes Terriens ?

Être en scène, ne crois-tu pas que sur l'Autre rive
Parmi les tiens, tu peux offrir ton sourire... pour rien ?

Regardes tous ces guides, ils se nourrissent de tes vices,
suçant ta moelle en prières, ils sont ton sévice.

et le véritable message ne trouve plus d'adresse sous le poids de l'horreur.
Celui qui révèle qu'aimer est l'essentiel, quelqu'en soit son auteur.

Avant nous d'autres ont rêvé d'un monde bien plus serein
Avec nous, prends y place, et réchauffes toi en son sein.

Âme en peine, ne vois-tu pas sur l'autre rive
ce dessein que tu prends pour un ultime mirage ?

Être en scène, ne crois-tu pas que sur l'Autre rive
cette «image» n'est autre que toi en quête cet unique message :

L' AMOUR

La tendresse

Il faut bien que je le confesse,
face à la profondeur de votre détresse,
en moi l'envie d'apaiser, avec délicatesse,
les terreurs liées à ces abus en jeunesse.

Espoir... l'attendre... est-ce... ?

Mais, plus fort que mon désir, je devais la noblesse.
De l'enfant que vous avez cru pécheresse,
je devais vous mener vers le chemin de la justesse.
Et nous voici liés, le temps d'une promesse...

Confiance... l'attendre est ce ?

Dans le dédale de ce passé qui agresse,
cherchant le chemin de la sagesse,
pour éloigner la croyance en une bassesse
qui se logerait derrière l'envie d'être princesse...

Rêver... l'attendre... est-ce ?

Dans les souvenirs retrouvés, qui transgresse ?
Oublier un instant la maternelle ogresse,
avare d'affection mais pas de rudesse
sans jamais voir l'enfant dans sa petitesse.

Comprendre... l'attendre, est-ce... ?

Puis un homme. Briller pour qu'il vous reconnaisse.
Défi à celle qui constamment vous rabaisse.
Joie d'une enfant qui se tourne vers l'allégresse
pour fuir un instant, des larmes, la sécheresse.

Jouer… l'attendre, est-ce ?

Mais le fil du temps laissent place à celui qui agresse.
Disparue, foudroyée par des mots, s'effondre la forteresse.
Trahison de l'année sens et, seule, vous laisse.
Le jeu/Je devient coupable… d'avoir aimée celui qui la délaisse.

Méfiance… l'attendre, est-ce ?

Ecoutez ce message que, peut être, je mal adresse.
Libérez vous de ceux qui vous oppressent.
Voyez enfin la somme de vos richesses
pour trouver équilibre dans ces indélicatesses…

Vivante… l'attendre, est-ce ?

D'un regard, souvent évité, troubles transparaissent.
Mais il faut bien que je le reconnaisse
en moi aussi parfois la peur d'élans de tendresse.
Froissement de soi en d'imaginaires caresses…

Aveux… l'attendre, est-ce… ?

Abandonnez le passé. A présent rien ne presse.
La femme peut donner avec finesse,
elle qui partage jusqu'à l'ivresse,
et attend l'un quand des sens… allégresse !

Avenir… l'attendre, est-ce ?

En fin, s'efface les liens à la drôlesse,
et, dans les brumes du souvenir, disparaissent…
Le temps de ce voyage, l'intime de la promesse
toujours respecté jamais ne trahisse la tendresse...

« Les larmes du ciel », Globine

« *Le visage fouetté par les larmes du ciel,
l'âme dans le vague, ils parcourent la vie.
Ils rêvent de matins au goût de miel,
du parfum suranné de leurs envies...*

*Tous les jours à sang-à-l'heure,
ils s'oublient sous le poids du devoir.
Qu'ont-ils faits de la candeur
et des rires dans le boudoir ?*

*Puis viens le soir, ce retour chez soi,
dans le tumulte des pressions et des raisons,
qui chahutent sous les draps de soie,
les yeux clos mais le regard posé sur l'horizon.* »

Ne fuyons pas les mots Globine !
A tout bien considérer, nous sommes liés,
sans pour sang à cette issue qui se combine.
Nos fils-amants influent, nerveux, sur nos nouveaux-nés !

C'est ainsi que se muscle le corps de la relation !
Puis, dans le Je de l'appât rôle se glisse leurre
de l'appeau de l'autre. Mais qu'en est-il du Sujet ?
Lis « peau crisis » qui attise nos émotions,
nous perd dans le « lobbyrinthe » des pensées... peur !
« *Les larmes du ciel* » se mêlent à celles de nos projets...

Globine, laissons s'écouler la vie... ensembles, nous estomperons
les rides du cycle dans « l'a-reuh » production... nourrissons !

Le visage

Lorsque je regarde son visage,
je perçois comme un trouble.
Se dessine une histoire de passages
froissant son âme en double…

Un je ne sais quoi de saudade.
Un jeu ne sait quoi de so dad…

Duplicité des origines-alités
qui n'a d'union que le trait ?
Histoire d'un non de famille
interrogeant le mâle qui fourmille.

La grâce Ether est tombée du ciel
pour se pauser en un battement d'elle,
offrant aux a-vides une candeur ingénue
mais, elle, suivant le mystère de sa mue…

Amoureuse du pas sage,
où est la fin de ton voyage ?
Portée par la fantaisie d'émotions rêveuses,
tu t'interroges sur la route de l'inceste-tueuse…

Le chemin est semé de surprises,
oscillant sur d'émois de méprises
aux tonalités de traîtrises,
mais de lui toujours éprises.

de l'enfance à l'adulte l'assomme de nos errances
mais toujours vibrer des Je interdits,
partager jusqu'à l'ivresse de nos carences
dans un regard exsangue de maux dits…

Lorsque je regarde son visage,
j'y plonge mon désir.
Mais au loin je tais ce message
pour laisser place à celle qui inspire…

Re-sens la vie et respires.
Tends vers ce que en quoi tu aspires,
et, en mille éclats de rires,
ex-pires la somme de tes soupirs.

Car, lorsque je regarde ton visage,
je ne retiens que la lumière de ton sourire
même si par la fenêtre de tes yeux
j'entrevois, de ton âme, les bleus…

L'un et l'autre

L'un sans l'autre ne dure qu'un temps.
L'autre sent l'un, présence invisible.
Lien qui anime chaque instant
au son d'un murmure et de l'indicible.

Alors, par delà ces ondes artificielles,
la ronde des pensées amicales t'invite
à un pas de deux bien naturel,
au rythme d'une présence illicite.

L'esprit de l'un en l'autre…

Point de plaisir sans fantaisie.
S'évader d'un air trop sérieux,
se délecter de l'ambroisie
et partager un moment heureux.

L'un retrouve l'autre, enfin !
Joie et fébrilité, et toi ?
Faut-il que je sois resté gamin
pour vibrer ainsi d'incertain émoi…

Merci pour tes pensées, ta présence.
Vrai soutien dans mes silences,
elles m'évadent au gré de mes errances,
me rassemblent au gré de mes déviances.

Pour toujours, et en l'instant, à deux mains pour l'aventure.
L'un et l'autre, aimants, s'entendent dans un murmure…

Inter-lude
(Quels sons... les cris taire !)

La vie d'Adèle

Dans ce « peau », deux corps nichons car tous les gens bons sont morts Adèle! N'en faisons pas tout un plat!

Roman Talo, une histoire de Rome antique à siroter

C'est à Rome, en effluve, que Séva Pore, le parfum de la jeunesse en femme incarnée, vit poursuivant son Roman Talo.
Alain Postur lève Eva Ness, hante les nuits de Barry Cade en mûrs murs...
Sanson Damour étouffait par Line Ercie, à vide de gestes de Tandre Hesse...
Alerté, l'ami Zère interpelle le Père Spicace, qui par le Saint Esprit aspiré, promet sermons et merveilles...
Et voilà que Roman Talo, rafraîchissant les jours d'été, d'une gorgée inspirée, abreuvait Séva Pore...
Ainsi tous ceux des nous, dans l'échange de regards, par l'appartenance à Lune et l'Autre, enfants de l'âme-Our, Éther n'elle...

Anathèmes

Parce que l'Amour me précède je suis un Saint pathique... qui suis-je ?

La pensée est la vérité du sujet parlant. Mais quelle relation entretien-t'elle avec la nature même de « ça cause » ?

Quand l' interdit de l'air (R) manque aux larmes, seule l'âme reste pour pleurer... Les « maux-rragis » s'écoulent en mots rageux...
Mais là, si Catrice ne se soigne... alors plaie tord d'inconnues !

L'âme est lent colis de la vie terrestre...

La sous-France au travail face à la France des "sous" qui tenaille...

Si l'arrêt-volt n'électrise pas les êtres, l'unité d'une espèce sociale se démembre. Alors le « main-tient » de « l'appart-tenance » est gouvernance...

L'art-gens oui... l'argent non !

Ce "t'aime" pamphlet-taire doit résonner en chaque-une, chaque-un, et a-raisonner le vaisseau monétaire pour un nouveau flux sans-gain...

Faute de cette âme-Our... l'un passe... l'un perd mais hâble, et à l'un possible nul n'est tenu...

et si nous avons peur du lent demain, c'est parce que nous avons perdu la croyance en nos soeurs et frères humains... égarée la foi en notre conscience collective qui scelle notre appartenance à l'uni-vers...

Lucioles

Alors qu'une pensée flânait par delà l'étendue de l'espace, elle croisait une nuée de poussières lucioles... Danse lumineuse pour errance sans teint, volubiles d'argent et d'or, psychophages et rapaces, elles l'enveloppaient goulûment dans un néant vitriol... Valse sirupeuse pour une errance sans fin.

Etreinte tentaculaire pour disparaître au vivant, je compris soudain que sans imaginaire devant, mon esprit ne pourrait survivre aux pulsations d'étreintes lapidaires, d'éphémères répétitions.

Matin d'automne

Aux lueurs d'un matin d'automne,
une mélodie légère en tête,
j'avance serein vers une vie monotone,
aux désaccords d'une humeur bête.

Impuissance et résignation ont abattu en plein vol,
les derniers élans d'illusions enfantines,
de celles qui m'ont projeté au-delà du sol,
et sont aujourd'hui clouées en jours mercantiles.

Mais, insatiable naïf, je poursuis Amour sans cesse.
De voyages en naufrages, de pluies en arc-en-ciel,
je continue la quête d'apparats de princesse,
afin de lui offrir le baiser au goût de miel.

Alors d'égarements en caresses,
nos corps dénudés, embrasés des feux du soleil,
s'amuseront de moments de tendresse
en instants de voluptés sans pareils…

Ôh, qu'il serait doux de se laisser aller.
Partager ces élans sans pensées, sans blessés…
Mais de nouveau le ciel s'est voilé
car, en ce matin d'automne, oiseau blessé, la vie embrumée

                se déroule sans… ailes

Papillon

Papillon vole à tire d'ailes.

Il explore cette inconnue,
qui l'attire d'elle
à lui, icône nue
aux parfums de sels
et de « souffre », sans retenue.

Implore les cieux, que l'approche
n'offusque en rien la belle,
que ne fuse aucun reproche.
D'une attraction indomptable et rebelle
exulte en tous sens l'accroche
de passions en pluie d'étincelles.

Ausculte, insolent, la moindre parcelle
d'un territoire de fleurs et de roches,
pour que s'émeuve la fosse pucelle
des ardeurs d'un lépidoptère croche.

Apprivoise enfin la belle d'âme oiselle et la pare d'éternelles broches.

Alors l'éphémère s'en repart vers sa fin éternelle
rempli de larmes honnies du son de cloches
qui tintinnabulent l'obligation du rappel
et l'éloignera à jamais de celle un instant si proche.

Terre incarnée de son désir charnelle
Il s'évapore au soleil levant, nouvel Antioche...

Rêv-évanouis-sens

Drôles de matins qui promettent oboles.
Frêle esquif qui porte Esprit.
Trajectoire enfantine plaide espoir
qu'incertain temps embrume et envole.
Te voilà nu un jour, et te laisse pris
dans un rêve court… mue de tes soirs.

T'habille et te pare de l'éphémère.
T'anime et te re-mue d'oripeaux.
Frisson ultime pour débats intimes.
Fripe ton radeau et te désespère,
en un lointain bruissement d'horribles peaux.
Vagues ondes d'un souvenir qui t'abîme.

Alangui, tu répètes ce qui s'évanouit.
Drôle, et moi, réveille en un sens.
Te tire de la torpeur d'un sommeil.
Par trop vide, chemin t'enfouit.
Etrille d'un pirate de l'essence,
pour qu'à tes monts s'émerveille.
En fin… se rappelle rêv-évanouis-sens...

Sais-tu?

Sais tu pourquoi ?
Moi non plus…

Sais tu comment?
Par hasard sans doute…

Sais tu quand?
Peut être un jour…

Je sais. C'est toi…

Sur le chemin parcouru,
bien involontairement,
tu as éclairé ma route.
Je sais ce qui est grand… entre nous coule Amour.

Sais tu... si... ?
Rien de plus incertain

Sais tu... où... ?
Ici ou ailleurs, qu'importe…

Sais tu... qui... ?
Peut être... moi.

Sais tu... enfin!
A toi de me dire…

Je sais ce que je vis. De cela je suis certain.

Effleurement de joues qui chaque jour m'emporte et me voyage en ton maquis…
Voici donc ce trouble émoi, qui m'emmène au confin de désirs évaporés en soupirs.

Et toi, que sais tu?

Tant psy...

Voir des êtres en souffrance.
Entendre les maux de leurs errances.
Sentir le poids de leurs confidences
trouver le chemin de la patience.

Et puis... voir l'azur de l'horizon
se fondre dans le bleu de l'océan.
Entendre le bruissement des buissons
caressés par le vent au printemps.

Sentir les parfums d'une nature chauffée
par les rayons d'un soleil estival.
Enfin, plonger son regard vers les cieux éthérés
et se baigner dans le vide sidéral.

Quitter un instant les misères de ce monde
pour deviner les mystères qui s'y dévoilent
car l'esprit sait où la vie inonde...
Parmi l'immensité de ces étoiles.

Patient, que tous tes sens soient en éveil,
ici et pour maintenant, mais aussi
en chaque instant depuis le réveil
jusqu'à celui qui t'emporte vers l'un fini.

Tumulte

Oh tumulte du temps .
En tout bruit se ment…
L'air rance de nos errances
nous traîne de dépendances
en vils décades… Danses !
Rondes d'adultes en terre d'enfance

De quoi sommes nous nourris ?
A qui sommes nous unis ?

Bas cesse de tes riens…
Puis lève les yeux… azur.
Vois la somme des tiens.
Dans l'infini murmure.

Héritiers d'instants fragiles
sur une route gracile,
dés formés d'un Je face île.
En terre, innocence fertile
s'ouvre et déploies les ailes

Et moi ?... je ne vois qu'elle.

?

La vie perd… ta mort due.
Mort bide ou mort sûre ?
Ton temps tend tant ton ton
que l'âme mélo dit bas… Rie ton ?

Alors tu tries vie alitée
quand l'un s'tend du re-peau.
Il se nourrit de tes saignées.
Héros tique et ment… qui Satire dans ton dos?

L'un digeste équivoque si mâle intentionné...
Quelle brute alitée la tend ?
Alors lappes heurs au ventre, si bas,
pour fendre le malhabile !

Trouver la force de soi
pour extraire le venin
car jamais coups mérités.
Inter-dire de l'autre la croix
portée, par toi, sur le chemin
de ces jours et nuits torturés.

Libères toi de ceux qui te veulent souffrance.
Regardes autour de toi les êtres du lendemain.
Il n'est pas facile de grandir dans l'errance,
mais la réponse à tes ? coule aux creux de ta main.

Fleurs de pensées... bouquet quotidien

Au premier jour

Un pétale de rose pour une perle d'amitié, et la fleur s'épanouie au-delà des soucis.
Alors rien que pour toi, j'envoie cette graine afin qu'elle germe et grandisse en toi, pour qu'elle nourrisse ta journée en belles couleurs.

Jour deuxième

Bourdon chagrin croise en chemin une drôle de pensée. Elle lui offre sa rosée matinale. Il s'enivre du partage bucolique. Alors sans vol, ils caracolent en tête des idées arc-en-ciel. Puisse celui-ci traverser ton jardin, en secret, pour y dessiner une journée en mille et une couleurs.

Jour troisième

J'avais, dans mon jardin, en secret, une pensée précieuse. Elle s'en est allée ce matin, portée par une bise affectueuse, de courants d'air mutins en ondes venteuses.
Alors en ce léger chemin, elle se fond à la nuée duveteuse des milliers de pétales humains dont les pensées hasardeuses parcours le corps terrien, et dévoilent les âmes lumineuses.
Puisse ce flot te porter ce matin, et toute ta journée laborieuse.

Jour quatrième

Chaleur écrasante, et je rêve d'une bise rafraîchissante. Pâleur d'un ciel étouffant, et j'imagine un azur éclatant.
Détresse d'une végétation mourante, et je rêve d'une herbe verdoyante.
Sécheresse de cours d'eau agonisant, et j'imagine un torrent vivifiant.
Mais à y regarder de plus près, quand tout cela se réalise chez moi, je rêve déjà d'un ailleurs et imagine qu'il sera meilleur...

Jour cinquième

Souffle les braises d'une pensée torturée.
Elles virevoltent en nuées argentées. Incandescentes, elles consument Psyché de ne trouver à qui les destiner.
Mais soudain, papillon d'insouciance les télescope et me rappelle que du microscope au télescope
il n'y a de vanité qu'à se croire le maître des lieux. Alors mon regard s'élève et vient vers les cieux.
Ne pas se prendre au sérieux pour ne pas finir vieux... Seulement aimer.

Jour sixième

Avançant avec peine sur ses monts inconnus, je découvre au gré de courbes sinueuses les merveilles offertes d'une nature nue.
Révélant au vagabond des pentes vertigineuses s'annonce lentement l'excitation du sommet.
Celle qui se déguste par tous les sens pour ceux qui s'enivrent de ses mets
et y découvre la saveur d'une renaissance.

Au septième jour

Dernière journée, dernières pensées, le bouquet est achevé.
Un geste d'amitié, deux perles d'amour, il est décoré. Puissance d'effluves entre eux mêlées, il se transmet du fond de ma vallée à la cime de ton sommet... avant d'éternité.

Voyageur d'un jour...

Une belle journée s'annonce.
Qu'importe la somme des ronces,
juste ne retenir que l'éphémère parfum
qui nous rend plus humain.

Celui après qui le monde court
de pleurs en cœur, d'heures en sueurs.
De peurs en leurres persistent éternellement sa lueur.
Ressens sa douce chaleur au nom de sa clameur !
Je le glisse dans ce mot.
Prononces le à ton tour.

Pour que cette journée soit sans soucis, je prose en poésie.

Volettes et tournoies volage ami nuage...
Toi qui jamais ne prends ombrage
d'un temps en rides infligées
au souffle du vent de ta destinée.

Ta vie d'éphémère, à l'azur d'un instant mêlé,
à l'autre bien souvent est écorché.
Ton voyage tu poursuis
quelques soient les turbulences,
inconscient de ta valeur à une terre en désespérance...

Je lève les yeux et je te vois sur mon chemin.
Rien qu'un moment, je suis avec toi.

Une affaire de temps... Fin ?

Compagnons de route... le souffle du temps est une nouvelle fois marqué par ce tour de passe humain de l'éphémère-ride...

Les pages se marquent parfois de moments douloureux, puis se tournent aux rythmes d'instants heureux... mais l'invitation reste la même... partager cette succession avec vous, au plus loin, au plus serein.

Des menaces au cocasse, rien ne tracasse si nous savons garder équilibre, confiance sur l'ici et maintenant, si nous ouvrons nos mains, notre coeur, notre esprit à demain.

Merci à tous d'être. Cela éclaire ma route...

Rendez-vous à la croisée de nos fils, suspendus au temps, pour de sûres années d'amour, d'amitiés, de partages...